4 子どもたちの心に響く体験の届け方

体験活動の中では子どもたちから想像を超えた質問やなるほどと気づかされる感想が返ってきます。そんな子どもの疑問や発想を否定することなく、その奇想天外な疑問や柔軟な発想に注目し、体験活動の中で互いに学び合う姿勢で取り組みましょう。その上で、子どもたちの旺盛な好奇心に訴えかけ、心に響く体験活動とするためのポイントはどこにあるでしょうか。

■子どもたちをイキイキさせる工夫を盛り込もう

子どもたちにとって農業体験は、日頃行ったことのない場所や出会ったことのない人に出会う非日常の体験といえます。新しい世界に触れることで、子どもたちの目はイキイキと輝きます。子どもの感性は非常に鋭く、本当に大事なことは敏感に受けとめてくれます。その姿は、逆に教える側にも感動を与えてくれるはずです。

子どもたちが体験をきっかけとして、その後の学習活動に意欲を抱き、継続的にイキイキと農業現場で活動するためには、次につなげる期待や夢を準備しておくことが必要です。学びにつながる楽しい体験プログラムとなるように、常に子どもたちの好奇心をくすぐる仕掛けを用意しましょう。

■作物を育てる努力や大変さも体験させよう

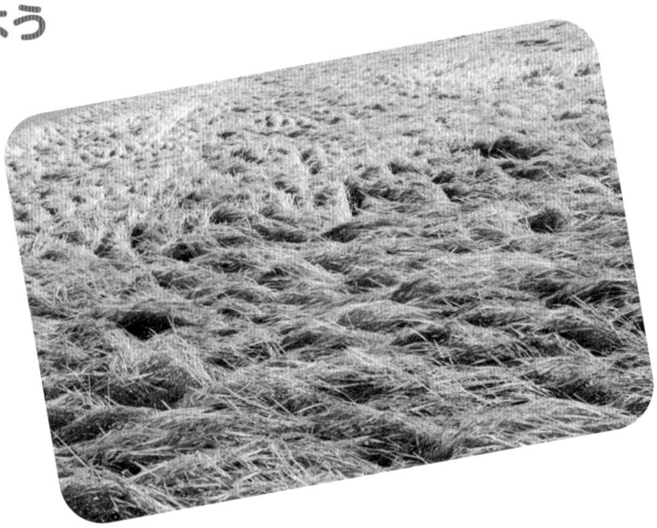

単なる収穫体験にとどまることなく、農家の皆さんが普段から心がけている「育てるための努力や大変さ」を率直に伝え、体験させてください。収穫の喜びは何よりも大切ですが、すべてお膳立てをしていいとこ取りをするだけでは、子どもたちに栽培過程における管理の大変さの部分が実感を持って伝わりません。

育てていた作物が完璧にできた時の達成感や成功体験を持つことは子どもが育つためにとても大切なことですが、仮にその過程で失敗したとしてもその失敗を通じて農の技の奥深さや農家の作物観や人柄にまで触れることができ、子どもたちの中で確実な財産となります。失敗を恐れずに、場合によっては管理まで子どもたちに任せることも考えてみましょう。

■子どもの発想ややり方をほめ、時には厳しく

作業は、まずはできるだけ子どもたちに任せましょう。そして、子どもたちのやったことを目の前で批判しないでください。むしろ、ほめて教えることが大切です。生産に直接携わる人からのその場でのほめてもらう言葉は、子どもたちの心にしっかり響くものです。

その一方で、道具の手入れや後片付けの仕方、田畑での歩き方などは、時には厳しく、「いのちを育てるための道具であり、いのちが育つ場所」として農家は大事にしているんだという、農の心も教えてあげてください。

第2章 米づくり体験

1 地域として米づくり体験で伝えたいこと

■お米を育むだけでなく、環境も守る田んぼ

美しい四季をもつ日本では、雨の多さと温暖な気候を利用して、縄文時代後期から水田稲作が発達してきました。日本が誇る田んぼは私たちが毎日食べる主食を作り出すだけでなく、環境を守るさまざまな役割をはたしています。

近年、地球温暖化による気候変動が進むなかで、日本においても水害など自然災害が各地で多発しています。田んぼは雨水を受けてそれをため込み、ゆっくりと地下へしみ込ませて、地下水をたくわえています。日本の田んぼ全部の貯水量は日本中のダムの貯水量の約2倍もあるといわれ、大雨のときには水をためこんで洪水や土砂崩れを防いでくれています。

■季節とともにある暮らしや食文化、伝統文化ともつながる米づくり

子どもの頃から田植えや稲刈りなどの農業を体験することは、こうした田んぼの役割をはじめ、農業・農村や食料の大切さを理解する上でとても有意義なことです。

また、以下の農事暦(年間の作業スケジュールの目安)は、地域の自然と向き合いながら行う年間作業はもちろん、季節とともにある人びとの暮らしや食文化まで反映しています。こうした農事暦をベースにして、学校のカリキュラムや行事の流れと連動させることで、地域の自然やそのなかで繰り広げられてきた人びとの生産・生活の営みや工夫を子どもたちに伝えることに役立ちます。

米づくりは育てたり食べたりする体験だけでなく、さらに地域の祭りや伝統行事ともつながってくるため、子どもたちが祭りや行事に参加することで、地域に活気が生まれ、世代間のつながりも深まるとともに、子どもたちの中に地域への愛着を育てることにもつながっていくでしょう。

そんな効果も期待しつつ、学校との打ち合わせに向けて地域での農事暦を作成し、先生に提案してみてはいかがでしょうか。

稲作をめぐる年間作業と学校行事・カリキュラムの例

	4月	5月	6月	7月	8月	9月	10月	11月	12月	1月	2月	3月
農事暦(稲作・行事)	田起こし 春祭り 苗床づくり・種播き	田植え 代かき	深水・除草	畦の草刈り 中干し	落水 出穂	脱穀 稲刈り	堆肥運びなど 土作り 秋祭り 乾燥・調整	初めて学校と一緒にやるときは、前年のうちに、校長先生・教頭先生などと打ち合わせを		お正月	もみがら確保 苗床準備	浸種・催芽・床土消毒 塩水選・種子消毒 校長先生・教頭先生・教務主任の先生などと、全体計画を決定
学校行事・カリキュラム等	家庭訪問 始業式、入学式、歓迎会	座学・農家の話(稲作の一年) 田植え体験 5年社会科・米づくりのさかんな地域 5年理科(植物の発芽と生長)	父母参観日 田や水路で生きもの調査	夏休み(開花観察、希望者のみ) 草刈り・草取り体験 5年理科・花から実へ(開花を見る動機付けのため前倒しして=受粉など 討論:中干しするしないを議論	夏休み	運動会 座学・農家の話 稲刈り体験 始業式	文化祭(来客に米加工品) 羽釜で炊飯の科学(給食と結合) 社会科見学 全校遠足	堆肥散布の体験	冬休み 座学・農家の話(一年間の行事と昔の遊び) ワラ細工体験	お米料理をもって高齢者施設訪問 始業式	5年社会科・これからの食料生産と私たち(一学期から、二月へ=わが国の食料自給率、世界の食糧事情など)	春休み 父兄を呼んでの発表会
行事と行事食	【春祭り】だんご・もち・赤飯・すし	【端午の節句】ちまき・柏もち・よもぎもち 【おさなぶり】(田の神様に感謝する行事)五平もち・きな粉ご飯		【七夕】赤飯・そうめん 【盂蘭盆】とびつきだんご・もち・精進料理・煮しめ 【夏の土用】安倍川もち		【十五夜】月見だんご 【秋分の日】ぼたもち・あんもち	【秋祭り】おはぎ・赤飯・すし・もち		【冬至】かぼちゃの煮物 【大晦日】年越そば	【正月】雑煮・寒だらの煮もの・お節料理 【人日の節句】七草がゆ	【節分】炒り豆・巻きずし	【上巳(桃)の節句】白酒・もち・すし・菓子・はまぐり潮汁 【春分の日】ぼたもち・あんもち

2 米づくり体験のプログラムの立て方

■農業体験プログラムは イネの生長や季節の作業にあわせて

体験活動はイネの成長や季節の作業にあわせたテーマでプログラムを組むのが基本です。

ただ楽しいだけでなく、以下のようなテーマを立てて、イネの生態や自然の仕組み、栽培方法や作業の工夫がわかるようなプログラムにすると子どもたちの興味・関心が広がります。

稲の生育

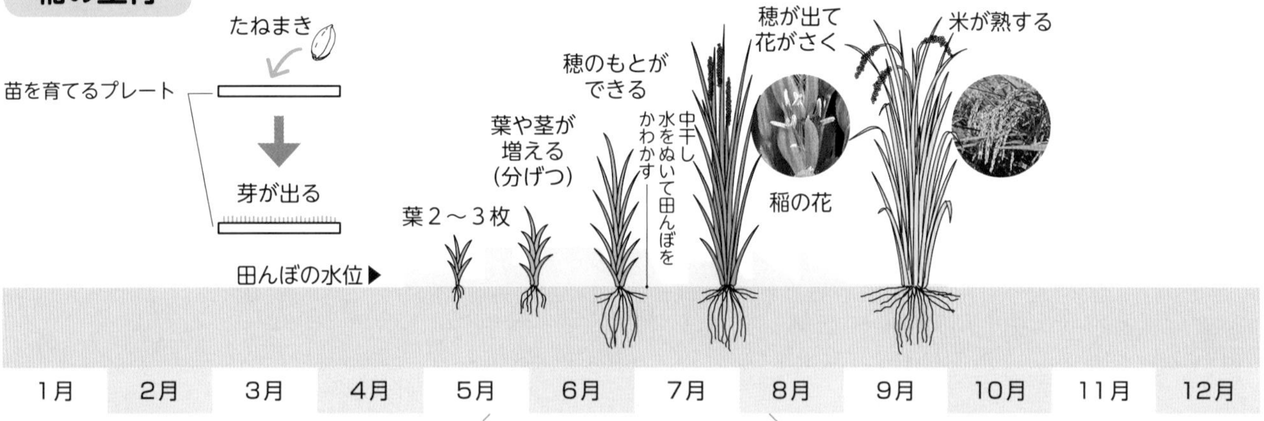

主な作業

①水路そうじ ②播種 ③田起こし ④あぜぬり ⑤代かき ⑥田植え ⑦生育観察 ⑧水管理 ⑨草取り ⑩生きもの調査 ⑪防鳥 ⑫イネ刈り ⑬はさがけ ⑭脱穀 ⑮籾すり ⑯もちつき

季節ごとの体験テーマ例

春(3月～5月)	夏(6月～8月)	秋～冬(9月～翌2月)
①水路のそうじを手伝おう！ ②いい種もみを選ぼう！ ●もみはどのように成長するんだろう ●イネの品種を調べてみよう ③鍬を使って田起こしを体験しよう ④「あぜ道」を直そう！ ●あぜの草を調べてみよう ⑤代かきを手伝おう ●代かき後の生きものを観察しよう ⑥手作業で田植えをしよう ●水の中の生きものを観察しよう	⑦イネの健康しんだんをしよう ●イネの分けつを観察しよう ●イネの花を観察しよう ⑧水管理のお手伝いをしよう ●水はどこから来るのだろう ⑨田んぼの草を取ろう ●雑草の標本を作ろう ⑩生きものを調べてみよう ●クモの働きを見てみよう ●カエルの観察をはじめよう	⑪鳥からイネの実を守ろう ⑫イネ刈りをしよう！ ●切り株でイネのしくみを観察しよう ⑬はさがけでイネをかわかそう ⑭いろいろな方法で脱穀しよう ⑮籾すりをしよう ●新米を炊こう ⑯もちつきをしよう

通　年	
◆一年の作業を書きとめよう	◆イネの成長を記録しよう
◆生きものたちのつながりを見てみよう	◆写真で記録しよう
◆アイガモ農法ってなんだろう	◆田んぼの益虫、害虫について調べてみよう
◆田のつく生きものを集めてみよう	◆田んぼのことわざを調べよう

3 米づくり体験のテーマとポイント

(1)田植え名人になろう!

子どもたちが知っている田植えは機械を使って行うものです。5年生の社会科教科書でも手で苗を植える様子は載っていません。したがって、「手で苗を植えてみよう」と言われても、どうやればいいのかわからない子どもがほとんどです。

とはいえ、すぐに植え方を教えるのではなく、まずは子どもたちに「田植えの終わった田んぼをよく見てごらん」と田植えの終わった田んぼを観察してみるように投げかけてみましょう。子どもたちは自分なりの見方で田植えのポイントを探し出していきます。教えてあげるのは、子どもたちから「どうして○○なの?」というような疑問が出てからでもよいでしょう。たとえば、やり取りとしては以下のような感じです。

■1株に何本植えたらよい?

子どもたちがよくやるのは、1株をたくさんにして植えることです。
たくさん植えればたくさんお米が育つと思っているようです。

○**子どもたちの疑問:**「どうして苗と苗の間を広く開けるのだろう?」「どうして1株をもっとたくさんにしないのだろう?」

○**回答例:**「教室の中に今の倍のお友だちがいたらどう?ギュウギュウ詰めで苦しくない?それに風通しが悪くて暑いし、空気が汚れて病気にもなりやすいよね。イネも同じだよ。せまい場所にたくさん植えすぎるとのびのび育つことができなかったり、病気にもなったりしやすいんだ。だから、1株は3、4本くらいで植えてあげるといいんだ」

■まっすぐに植えるには?植える間隔はどうする?

機械で田植えされた所は一直線に苗がそろっています。
ところが実際に手で植えてみると列はぐにゃぐにゃと曲がり、株と株の間隔もばらばらになるはずです。

○**子どもたちの疑問:**「どうしたらまっすぐに植えられるのだろう?」「苗と苗はどのくらい離して植えたらよいだろう?」

○**回答例:**「こうした田植えひもや田植え枠を使うんだよ。これに沿って印のついた所へ植えるんだ。こんなふうに手植えでもまっすぐ苗を植えられるように、昔の人はいろいろと工夫して道具をつくったんだね。」

■ひと粒の種もみが何倍に?

種もみひとつから1本の稲穂ができると思っている子どももたくさんいます。分けつを繰り返しながら20～30本程度まで穂を増やしていくイネの生命力のすごさを教えましょう。それを聞いた子どもたちは、がぜん米づくりに張りきるでしょう。

○**農家からの投げかけ:**
「ひと粒の種もみ(1本の苗)から何粒のお米がとれるでしょう?」

○**回答例:**「ひと粒の種もみが順調に育てば、分けつといって茎が何本にも増えて、それぞれが条件よく成長して穂をつけると、なんと2,000~3,000粒のお米がとれます。これはおおよそご飯茶わんに軽くご飯を盛った時の量です。たったひと粒から茶わん一杯のご飯がとれるんだよ。どれだけ多く実らせるかはみんなのがんばり次第だよ」

(2) つらい草取りだけど工夫で乗り切ろう!

田植えが終わってほっと一息と思っている子どもたち。でも、太陽の光を浴びてぐんぐん成長するのはイネばかりではありません。雑草もあっという間に大きくなります。この雑草をほっておくとどうなるのか、子どもたちの意見を聞いてみましょう。

■除草剤に頼らずにイネを育てる工夫

田んぼに入って手で草を取ることはイネの成長にもとってもいいことですが、広い田んぼの草をすべて手作業で取るのは大変です。

それでも、除草剤に頼らずにイネを育てるための農家の工夫はいろいろあります。その方法について調べ、実践可能なものは実際に田んぼで試してみてもよいでしょう。

中耕除草による除草

中耕とはイネの生育の途中で根ぎわの表土を浅く耕すことです。中耕除草には土を撹拌し、根に酸素も送り込み、発根や肥料の吸収を促進し、同時に土の中の有害ガス(硫化水素、メタンガスなど)を抜く効果があります。そして何より土の中の種や伸びてきた雑草の芽を掘り起こし、雑草を防除できます。手押しの中耕除草機のほか、チェーンや竹、竹ぼうきを使った手づくり除草機、乗用の除草機などもあります。

アイガモ除草

アイガモを使ったユニークな除草法です。ふ化10〜14日のヒナを、イネが活着し雑草が発芽する頃(田植え後7〜10日)に放鳥します。放鳥は雨の日を避け、天気のよい午前中に行います。アイガモが泳ぐと水が濁って、日陰となって雑草が育ちにくくなり、またイネの間をすり抜けて泳ぐことで、イネの茎が刺激を受けて太くて丈夫な茎に育つとともに、土をかき混ぜてトロトロにすることでイトミミズなどを生息しやすくし、その結果土が肥え、根に肥料分や酸素も与えてくれます。もし近くにアイガモを放す田んぼがあったら、その効果を見に行ってみましょう。

米ぬかによる抑草

田植えが終わったばかりの田んぼに米ぬかを散布するのも効果があります。米ぬかが分解されることで有機酸が発生し、雑草の発芽や発根を抑える効果を発揮します。散布後は草があまり生えず、田んぼにはカエルやヤゴなどの虫もたくさん棲むようになります。

■イネ最大の敵・ヒエに向き合う

田んぼの草取りをするときに一番見分けにくいのがヒエです。図や写真などの資料を用意して、見分け方を教えておくとよいでしょう。ヒエはイネに姿を似せて子孫を残そうとしていることを教えると、植物たちの知恵に子どもたちは感心するはずです。

それでも、ヒエはイネの生育を邪魔する最大の難敵です。ヒエが生えてきた田んぼでは辛抱強く手で抜いていきましょう。こうした米づくりの苦労を経験することも貴重な体験です。

(3) さあ、稲刈りだ! 刈って、束ねて、干して!

秋が来て、稲穂が黄色く色づくといよいよ収穫です。イネ刈りは刃物を使うので危険が伴います。必ず始める前に鎌の使い方を指導しましょう。また、事前の連絡事項(文書で伝えるのがベスト)の中で、当日の服装として長ズボン・長そでの服を着ること、軍手をすることなども忘れずに伝えてもらいましょう。

子どもたちは「イネ刈り=イネを刈るだけ」だと考えています。「刈ってそろえて結わえて掛けて」というイネ刈りのプロセス全部を、ちゃんと理解してもらってからイネ刈りの体験を始めましょう。

■刈ったイネ、どこにどう干す?

天日干しの方法は全国各地でさまざまです。県内では数段の高い棚を組んで干す(はさがけ)のが多かったようですが、各地の方法を調べたりするのも面白いでしょう。

○子どもたちの疑問:「どうしてイネを干すの?」

○農家の回答例:

「太陽の力を借りてゆっくり乾燥させ、貯蔵がきくようにするんだ。水分が飛ぶことでおいしいお米になるんだよ。手間をかけることでおいしくなるんだ。天日干しのお米は人気があって、高く売れるんだよ」

■1つの穂に何粒のもみがついているのだろう?

よく実った稲穂を1本選び、もみをひと粒ひと粒取って数を数えさせてみます。お茶わんに入っているごはん粒の数を調べ、何本の稲穂でお茶わん1杯になるのか計算してみるのもよいでしょう。これは算数の勉強にもなります。自分で育ててきたイネの実力を確かめるためですから、子どもたちは真剣に取り組むでしょう。

■イネ刈り・脱穀…今と昔を比べてみると

昔と現代、両方のイネ刈り・脱穀を比較・体験してみるのもよいでしょう。工夫を重ねてきた先人たちのさまざまな知恵や技術に触れることで、人類の技術の進歩と成果につい身近に学ぶことができるでしょう。

鎌を使って手で刈ったイネを、昔の足踏み式脱穀機で脱穀。脱穀したもみを選別する唐箕《とうみ》も使ってみます。右手でハンドルを回して風を送りながら、左手でもみの落ちる量を調整する微妙な仕事に子どもたちは感心するはず。

次はコンバイン。レバーひとつであっという間にイネが刈りとられ、同時に脱穀も選別も、機械の中で行われていきます。手作業では何工程にも分かれ、多くの手間と時間がかかっていた作業が、機械一台であっという間に行われることに驚くでしょう。

(4)イネの成長や生きものたちを観察しよう!

■イネの成長を観察する

田植えが終わった後、成長するイネの様子を継続して観察するとよいでしょう。また、穂が出て実ってきたら、穂数を数え、またもみが一番多くついている穂と一番少ない穂を数えて平均を出し、収穫の予想を立てさせたりするのもよいでしょう。こうすることで、子どもたちはイネの成長に常に関心を持ちつづけることができます。

米づくりを体験する児童が小学5年生であれば、ちょうど理科に「植物の発芽と成長」という単元があります。この単元では、植物の育ち方について、発芽や成長の様子に着目し、それらに関わる条件を制御しながら調べることを通して、植物の発芽、成長とその条件についての理解を図り、観察、実験などに関する技能を身に付けるとともに、主に予想や仮説を基に、解決の方法を発想する力や生命を尊重する態度、主体的に問題を解決しようとする態度を育成することがねらいとされています。

上記のことも踏まえながら、イネの身長を測り、葉や分けつの増え方を観察して記録させることが、この単元の学習に大きく役立ちます。

■生きものたちの世界を観察する

作業とは別に、生きものを観察する機会をぜひ設けましょう。

田んぼの生きものたちに出会い、田んぼで繰り広げられる生きものたちの世界を知ることで、「田んぼって楽しい」という思いが子どもと田んぼとの距離を一気に縮めてくれるはず。「田んぼは小さな生きものたちの大切なすみかなんだ」という気づきが、豊かな「農」の世界へ目を向けていくことにつながっていくことでしょう。

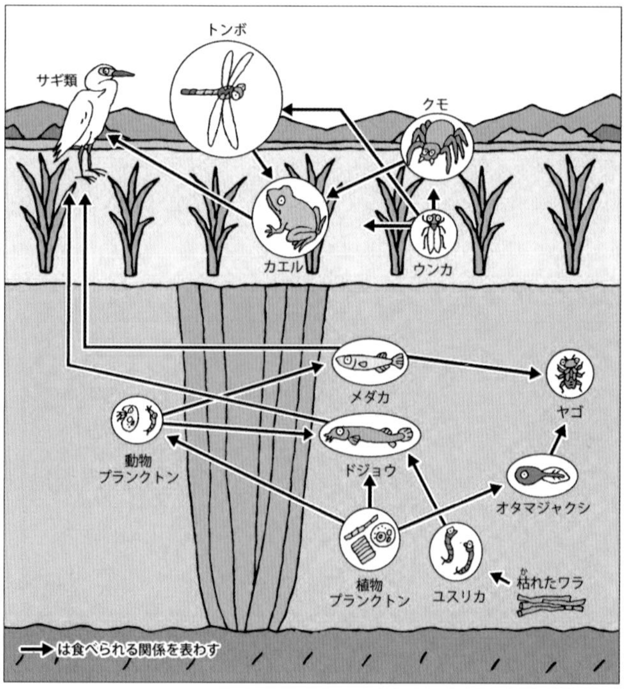

田んぼをめぐる生きものたちのネットワーク

田んぼの中やその周辺にはさまざまな生きものたちが住み、田んぼとの間を行ったり来たりしています。

田んぼは用水路や排水路を通して河川とつながっており、メダカやフナ類などの魚たちはこの水のネットワークを使って田んぼに入り、産卵します。田んぼにはプランクトンなどの餌が豊富にあるからです。そして、爬虫類(ヘビ、トカゲ、カメなど)や両生類(カエル、イモリなど)、鳥類もこれらの生きものを食べに田んぼに集まってきます。これらの生きものたちは、耕起や田植え、落水といった田んぼの作業をたくみに利用しながら生きています。

絶滅危惧種が増えるのはなぜ?

メダカやドジョウ、ゲンゴロウ、タガメ、コオイムシなど、昔はどこの田んぼや水路にもいた生きものたちが姿を消しています。農薬の使用による水質の悪化が主な原因ですが、そのほかにも、大型の機械を使うようになり湿田から乾田に変化したこと、水路がコンクリートの三面舗装になったことも原因ともいわれます。絶滅危惧種について教え、楽しい田んぼを守るにはどうしたらいいか、子どもたちと一緒に考えてみるのもよいでしょう。

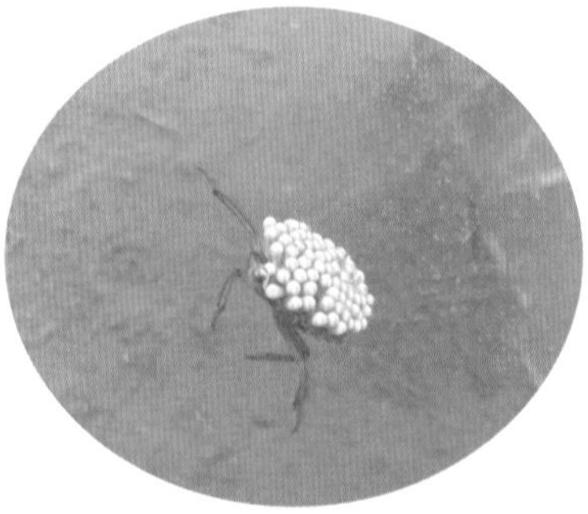

田んぼや水路などに生息するコオイムシ

第3章 生きもの調査

1 生きもの調査の意義

調査を始める前に、これから行う生きもの調査がどのような意味を持ち、どのようなことを調べたらよいのかを考えてみましょう。

■田んぼや水路のある農村環境や生きものは地域の財産

先人たちが長年にわたって自然に働きかけながら作り上げてきた田んぼや水路のある農村環境には、たくさんの生きものたちが生息しているとともに、米づくりとつながる祭りや行事などの文化や相互扶助の精神に根ざしたコミュニティがあります。こうした農村環境を構成する一つひとつのものが地域の財産なのです。

このことから、田んぼや水路のある農村環境は地域の自然や文化のその成り立ちや歴史を学ぶのにふさわしい場所であり、将来にわたって自然と持続的に共存していくために、自然との付き合い方を身近に学ぶことのできる重要な場所であるといえます。

■地域の自然を知る手がかりに

このように農村環境は、その地域本来の自然や生きもの、地域の文化(農業や遊びも含まれます)と一体のものとして存在するため、農業環境の保全再生を行うときは、それらを一体のものとして扱わなければなりません。そのためには地域の生きものを知ることが必要で、さらに生きものと地域の自然、地域の文化とのかかわりについても調査する必要があります。農業(米づくり)体験の中で生きもの調査に取り組む場合でも、地域の自然や文化を知り、さらに将来に向けて保全・再生していくための手がかりになることを意識しながら進めましょう。

2 生きもの調査の心得と準備

(1)調査の準備と調査時の記録の仕方

■調査に必要な道具

- ・双眼鏡……鳥を観察するだけでなく、遠くに咲いている花を観察するのにも使えます
- ・タモ網……水中の生きものをすくうための柄つきの網
- ・補虫網……昆虫をつかまえるための目の細かい網
- ・その他……デジタルカメラ・ノート(記録帳)・記録用地図等

■フィールドノートに記録する

調査時に見つけた生きもの、そのときの環境条件などを書き込みましょう。ノートの大きさは画板を持ち歩くときはB5サイズが便利ですが、そうでないときはポケットに入る手帳サイズが便利です。フィールドノートに記録したことは、調査から帰ったときに地図に書き込んだり、記録用紙に書き込んだりして整理するとよいでしょう。

■写真で記録する

写真は現場での種の判別が難しい場合、後で専門家がその写真を見て判別するための大切な資料となります。

アブラボテ

ヤマアカガエル

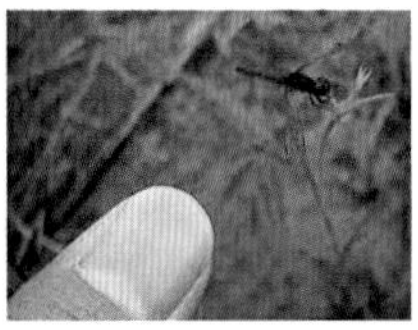
ハッチョウトンボ

ミズニラ

撮影のポイント

- ・一個体だけを撮影する
- ・個体全体が大きく写るように撮影する
- ・魚などは透明のアクリルケース(水槽)に移して撮影する
- ・スケール(目盛など)を入れて、おおよその大きさがわかるようにする

■地図に記録する

地図は自治体などで作成している1/2500地形図が便利です。必要な部分をA4サイズに抜き取り、画板のクリップに挟んで持ち歩きます。生きものを調査した地点、見つけた生きものなどを記録していきます。

記入するおもな項目

・捕まえた(確認した)生きものの種類と場所、時期　など

(2) 調査後の結果の整理法

調査から帰ったら、記憶が薄れないうちに記録を新たな地図や記録用紙に整理しなおすとよいでしょう。年に何度か行う場合には、季節によって見られる生きものたちの変化や同種の生きものの変態の様子などを知ることができます。また、同時に農村環境の変化の様子を知ることもできます。農村環境の保全・再生の活動に取り組む場合には、活動を推進するための基礎データになるとともに活動による成果を実感する資料にもなることでしょう。

■記録用紙に記録する

生きもの調査の結果は、調査地点ごとに記録用紙を作成し、記入していきましょう。

記録する主な項目

◎調査環境(調査場所の環境条件など)

[調査年月日・時間帯]
調査の実施年月日や時間帯がわかるよう記録する。

[調査場所ごとの状況]
水路であれば通水状況(流速、水深、水質、水温など)や構造物の状況(素材：コンクリート、土、石など)など、調査場所についての詳しい状況を記録する。写真があるとわかりやすい。

[天候]
調査日の天候や気温などを記録する。

[調査の方法]
調査方法(タモ網などによる捕獲や双眼鏡などを用いた観察)と調査人数、回数などを記録する。

〈記録用紙の例〉

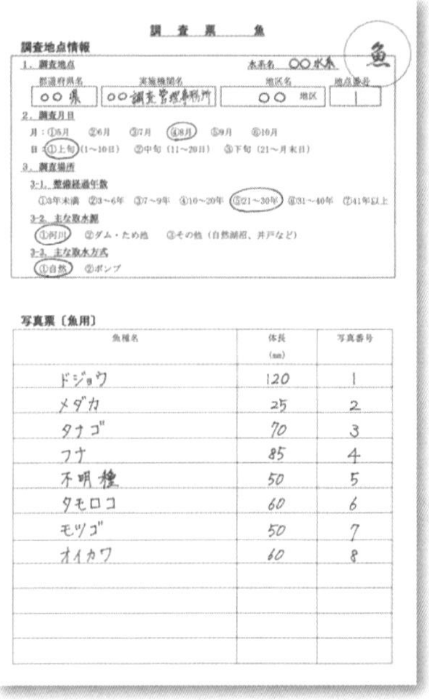

調査票　魚

調査地点情報

1. 調査地点　　水系名　○○水系　　魚

都道府県名	実施機関名	地区名	地点番号
○○県	○○調査管理事務所	○○ 地区	1

2. 調査月日

月：①5月　②6月　③7月　④8月　⑤9月　⑥10月

日：①上旬(1～10日)　②中旬(11～20日)　③下旬(21～月末日)

3. 調査場所

3-1. 整備経過年数

①3年未満　②3～6年　③7～9年　④10～20年　⑤21～30年　⑥31～40年　⑦41年以上

3-2. 主な取水源

①河川　②ダム・ため池　③その他（自然湖沼、井戸など）

3-3. 主な取水方式

①自然　②ポンプ

写真票〔魚用〕

魚種名	体長(mm)	写真番号
ドジョウ	120	1
メダカ	25	2
タナゴ	70	3
フナ	85	4
不明種	50	5
タモロコ	60	6
モツゴ	50	7
オイカワ	60	8

◎調査結果(捕まえた生きものに関する情報)

[種名]○○○目○○○科など
[個体数]○○匹など
[大きさ]○○cmなど
[特徴など]見た目の特徴など気がついた点など
[写真]

＜参考になる資料&WEBサイト＞

◎本・冊子など

「田んぼの生きものおもしろ図鑑」(農文協)
「田んぼの生きもの識別図鑑」(一般社団法人地域環境資源センター)
「ポケット版　田んぼの生きもの図鑑動物編／植物編」(NPO法人生物多様性農業支援センター)
「田んぼの生きもの調査下敷き&ガイド」(農文協)
「みんなでやろう!田園自然再生　生きもの調査のすすめ」(一般社団法人地域環境資源センター)
※WEBからダウンロード可能

◎WEBサイト

「田んぼの学校」(一般社団法人地域環境資源センター)
「yahoo!きっず図鑑　動物／植物」(ヤフー・ジャパン)

3 ・生きもの調査の実際

(1) 鳥の調査

田んぼを餌場としてたくさんの鳥たちが飛来します。捕獲して観察することはできないため、その場で種を同定しなければなりません。専門家が同行することをお勧めします。

観察方法

　田んぼ周辺をゆっくりした速さで歩きながら、10倍程度の双眼鏡を用いて観察を行う方法と、調査地点にとどまって10倍程度の双眼鏡か約20～30倍の望遠鏡を用いて観察する方法があります。警戒心が強く、しばらくじっとしていないと観察できないような種や展望が広い場合で行う場合は後者が適しています。個体数が多い場合にはカウンターも併用するとよいでしょう。

鳥の種類

カルガモ

オシドリ

アマサギ

チュウサギ

コウノトリ

(2) 魚の調査

魚は日当たりのよい場所より、日かげや物かげ、障害物のまわり、橋の下などに隠れていることが多く、水路が合流しているところにも多くの魚が集まることがあります。

網でとる方法

　柄の長い「タモ網」（柄の長さ：60～90cm、網幅：30～40cmほど）でとる場合は、水ぎわの植物があるところに網を置いて、足で追い込むようにすると効果的です。下流側に網を置いて上流側から追い込むのがポイント。このほか、大きな半月形の「サデ網」という道具を使う方法もあります。ひとりが下流で網をかまえて、ほかの人たちが上流から追い込んでいきます。

魚の種類

（注）魚は水をいったん離れるととてもデリケート。見つけたたら、すぐに水を入れたバケツに移すなど、やさしく扱いましょう。終わったら、すぐに捕獲場所に戻しましょう。

カワバタモロコ

タイリクバラタナゴ

カワムツ

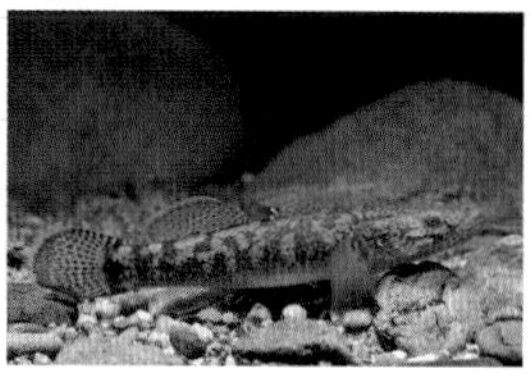
ウキゴリ

(3) カエルの調査

カエルはカメムシやウンカなどのイネの害虫を食べてくれる、米づくりに有益な生きもの。カエルの多い田んぼは害虫の被害を受けづらい田んぼといえます。

捕まえ方

　田んぼのあぜを歩くと、びっくりしたカエルが田んぼに飛び込みます。それをすかさず「タモ網」ですくい取ります。難しいですが、子どもたちとともに挑戦してみましょう。また、オタマジャクシを網ですくって種類や数を確認するのもよいでしょう。同じように見えるオタマジャクシでもカエルの種類によって、顔つきなどが違うのでよく観察してみましょう。

カエルの種類

トノサマガエル

ダルマガエル

ツチガエル

ニホンアカガエル

アズマヒキガエル

4 生きもの調査の注意点

(1) 調査する際のルールとマナー

調査に入る前に、やってはいけないことや、注意が必要なことなどを、子どもたちにしっかりと伝えておきましょう。また、体験で興味を持ち、その後も子どもたちが継続して調査のために田んぼや水辺に行くこともあるでしょう。そのことも見越して注意を促しましょう。

田んぼ

この時期、田んぼには大切なイネが植えられているので、勝手に入らないように子どもたちに注意を促しましょう。また、農家に了承を得た田んぼであっても、その畦まわりを歩くときは畦を崩さないようにゆっくりと歩くように伝えましょう。

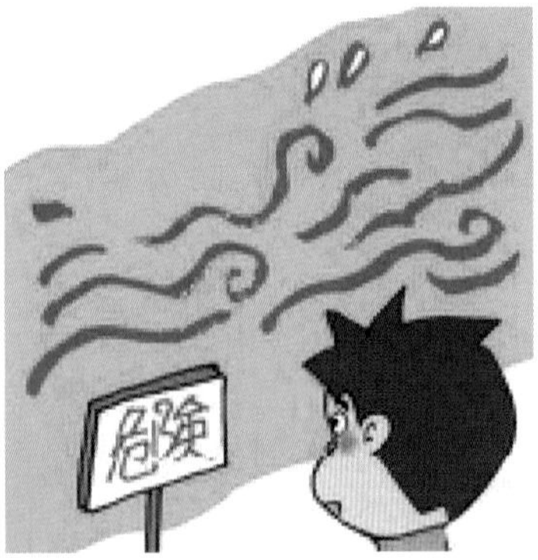

水路・川

田んぼに水を引くために、この時期にはたくさんの水が流れています。流れの速い水路は危険なため、子どもたちだけで近寄ることはせず、必ず大人を伴って行くように伝えましょう。また、水量の多い幹線用水路は特に危険なため、絶対に近づかないようにしっかりと注意を促しましょう。

ため池

ため池の中には、土手に漏水防止用のシートが張ってあったり、岸近くから急に深くなったりするものがあり、大変危険です。調査などで近寄るときは、必ず大人と一緒に行くように伝えましょう。

(2) 生きものの扱いで注意したいこと

○生きものに負担を与えないように！

カエルや魚などの生きものは、人間がむやみにさわると体の粘液やうろこがとれてしまい、けがややけどをしたような状態になってしまいます。生きものにとって人間の手はとても硬くて熱いものです。さわる時は、必ず手を水でぬらし、生きものに負担を与えないようにしましょう。

○カエルなどにさわった後は手洗いを！

生きものの中にはニホンアマガエルやヒキガエルのように、体から毒を出すものもいます（アマガエルは皮膚全体から、ヒキガエルは目の後ろにある耳線から）。触ったその手で傷口や目に触れると炎症を起こすこともあります。生きものに触った後は、必ず手を洗いましょう。

田んぼの生きもの 春
代かき 田植えのころ

春、田んぼに水が入ると、たくさんの生きものが水路やため池、里山などからやってくる。これから半年あまり、田んぼやその周辺では多くの生きものの生命が生まれ育つ。生きものを調べに、田んぼに行ってみよう！

タマミジンコ・ミジンコ
ミジンコ科　玉微塵子・微塵子
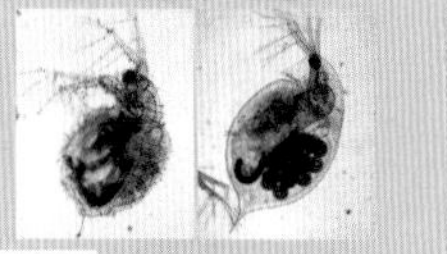
動物性のプランクトンで、体がすき通っている。くるくると回ってよくおよぐ。

小型のガムシ
ガムシ科　牙虫
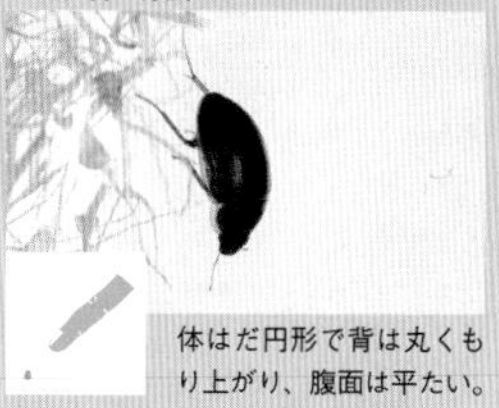
体はだ円形で背は丸くもり上がり、腹面は平たい。

コガシラミズムシ
コガシラミズムシ科　小頭水虫
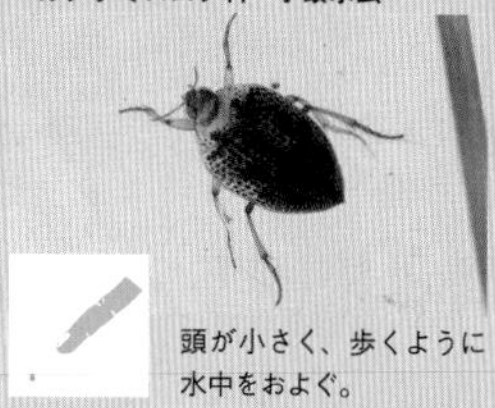
頭が小さく、歩くように水中をおよぐ。

ミズムシ
ミズムシ科　水虫
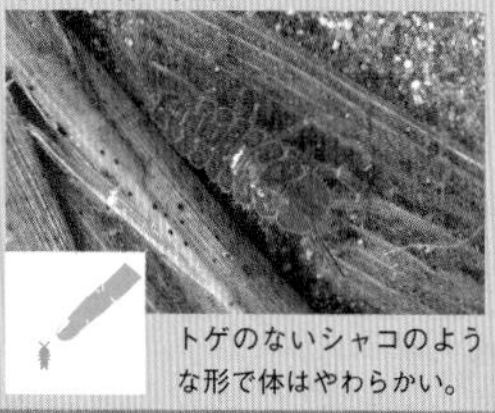
トゲのないシャコのような形で体はやわらかい。

ヨコエビ
ヨコエビ科　横海老

トゲや尾のない横につぶれたエビ形で、よくおよぐ。

ドジョウ
ドジョウ科　泥鰌

細長い体で口ひげは5対ある。ドロにもぐっている。

タモロコ
コイ科　田諸子

口ひげがあり、体にうすく黒くて太い線がある。

ギンブナ
コイ科　銀鮒

コイににているが、口ひげがない。

サンショウウオの幼生
サンショウウオ科　山椒魚

細長いオタマジャクシで、エラがよく目立つ。

中型ゲンゴロウの幼虫
ゲンゴロウ科　源五郎

先が細いいも虫形でキバが目立ち、頭を下にしている。

タイコウチ
タイコウチ科　太鼓打

体は平たいサソリのような形で、色は暗い茶色。

ミズカマキリ
タイコウチ科　水蟷螂

体は細長く、色も形も稲わらによくにている。

メダカ
メダカ科　目高

目が大きく、しりびれが長い。水面近くをおよぐ。

アカガエルの幼生
アカガエル科　赤蛙
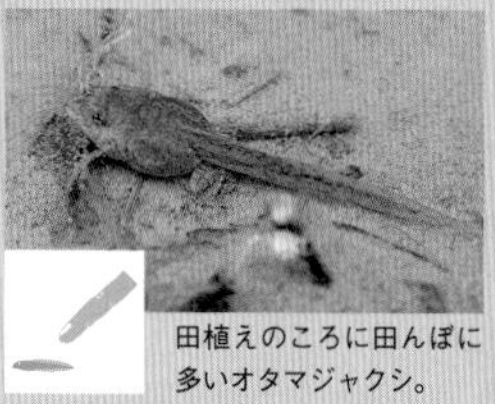
田植えのころに田んぼに多いオタマジャクシ。

ヒメアメンボ
アメンボ科　姫飴坊
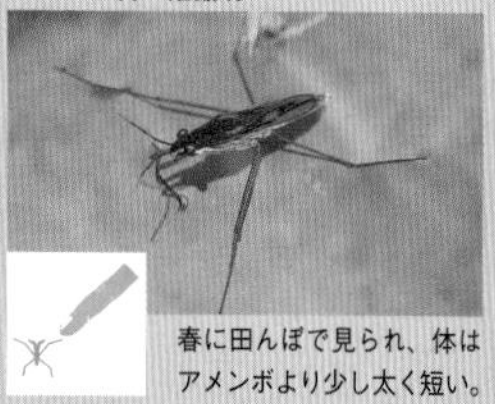
春に田んぼで見られ、体はアメンボより少し太く短い。

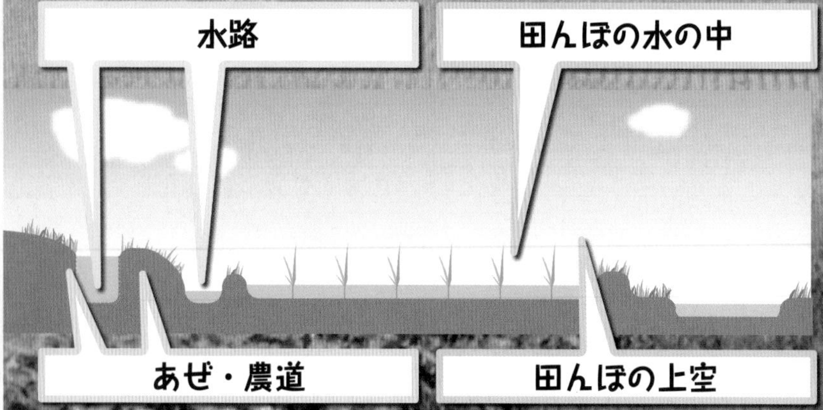

イモリ
イモリ科　井守

全身は黒いが、腹側はのどから尾までオレンジ色。

マルタニシ
タニシ科　丸田螺
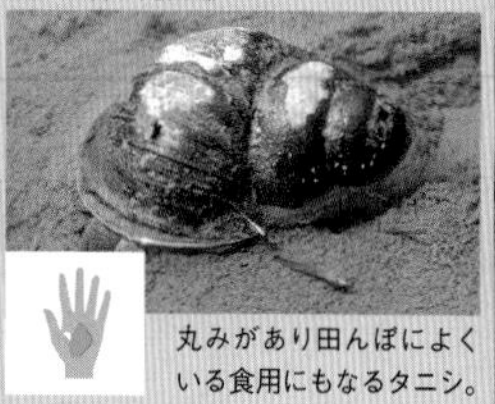
丸みがあり田んぼによくいる食用にもなるタニシ。

ベニシジミ
シジミチョウ科　紅小灰

羽全体は茶色で、前羽と後羽の後ろが紅色。

モモブトカミキリモドキ
カミキリモドキ科　腿太天牛擬

花の上にいて、全身が青緑色。オスは足が太い。

ツチイナゴ
イナゴ科　土蝗

体はうすい茶色で、背中に目立つ白い線がある。

ヒバリ
ヒバリ科　雲雀

後頭部のさか立った羽毛がよく目立つ。

ツバメ
ツバメ科　燕

背中は黒く、腹面は白くてのどは赤、尾は二又に分かれる。

シュレーゲルアオガエル
アオガエル科　シュレーゲル青蛙

目のまわりもふくめて、全身が緑色、腹面は白い。

アマガエル
アマガエル科　雨蛙

鼻・目・こまくにかけて黒く、体色がよく変化する。

イオウイロハシリグモ
キシダグモ科　硫黄色走蜘蛛
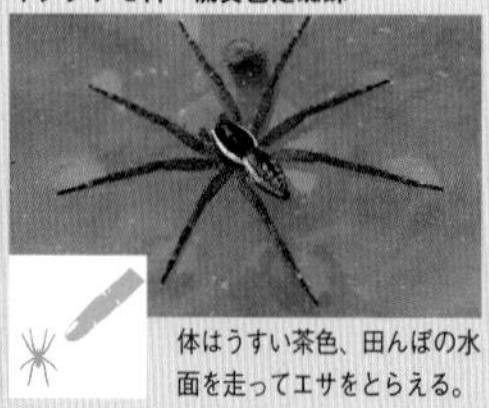
体はうすい茶色、田んぼの水面を走ってエサをとらえる。

シオヤトンボ
トンボ科　塩屋蜻蛉
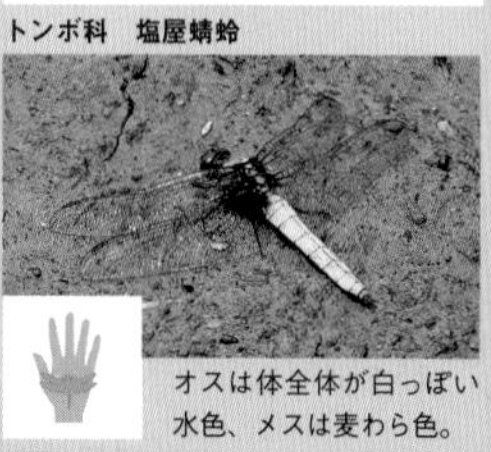
オスは体全体が白っぽい水色、メスは麦わら色。

ホソミオツネントンボ
アオイトトンボ科　細身越年蜻蛉
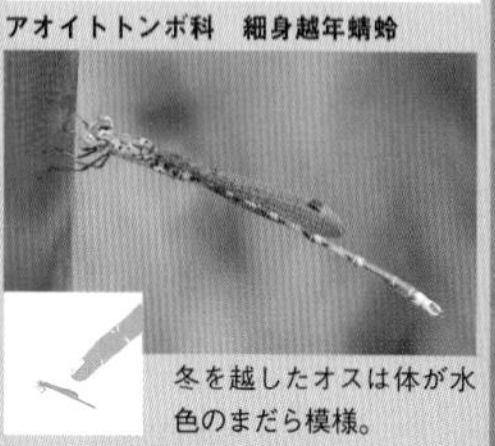
冬を越したオスは体が水色のまだら模様。

生きものの大きさを示したアイコン

- 子ども人差し指の大きさと比較
- 子ども手のひらの大きさと比較
- 子どもの足の長さと比較
- 子どもの身長と比較
- 顕微鏡で観察するほど小さい生きもの
- 双眼鏡があると観察しやすい生きもの

田んぼの生きもの 春

代かき 田植えのころ

ノミノフスマ

ナデシコ科
蚤衾
花びらは10枚に見えるが、よく見ると5枚。

ハルジオン

キク科
春紫苑
つぼみは下向きにうなだれる。茎は中が空どうとなる。

フキ

キク科
蕗
フキノトウが出たあと、葉が出る。株は雄と雌がある。

ハハコグサ

キク科
母子草
葉や茎に白い毛があり、やわらかい手ざわり。

コオニタビラコ

キク科
小鬼田平子
葉はタンポポのようだが、ワタ毛はできず花は小さい。

オオジシバリ

キク科
大地縛
タンポポのような花で、葉はさけず、茎が地面をはう。

オニタビラコ

キク科
鬼田平子
葉はタンポポのようだが、花やワタ毛は小さい。

セイヨウタンポポ

キク科
西洋蒲公英
ワタ毛のころになると茎が高くなり、種を飛ばす。

ヘビイチゴ

バラ科
蛇苺
地面をはって伸びる。赤い実はほとんど味がしない。

セイヨウアブラナ

アブラナ科
西洋油菜
茎や葉はロウソクのロウのように白みがかる。

コメツブツメクサ

マメ科
米粒詰草
米粒くらいの小さな花がさく。葉は三つ葉となる。

トキワハゼ

ゴマノハグサ科
常磐黄櫨
夏や秋にも花がさく。星形のがくが目立つ。

オオイヌノフグリ

ゴマノハグサ科
大犬陰嚢
花の形は犬の睾丸ににる。花は夕方に閉じる。

ニワゼキショウ

アヤメ科
庭石菖
まん中がむらさき色でまわりが白いタイプの花もある。

カキドオシ

シソ科
垣通
花の後にかき根を通りぬけるほど、地面を長くはう。

スミレ

スミレ科
菫
種にアリの好きな物質がつき、アリにより運ばれる。

タチツボスミレ

スミレ科
立壺菫
スミレとちがい葉はハート形で、茎が立ち上がる。

サギゴケ

ゴマノハグサ科
鷺苔
茎は四方八方に地面をはって、一面に花がさく。

あぜ・農道

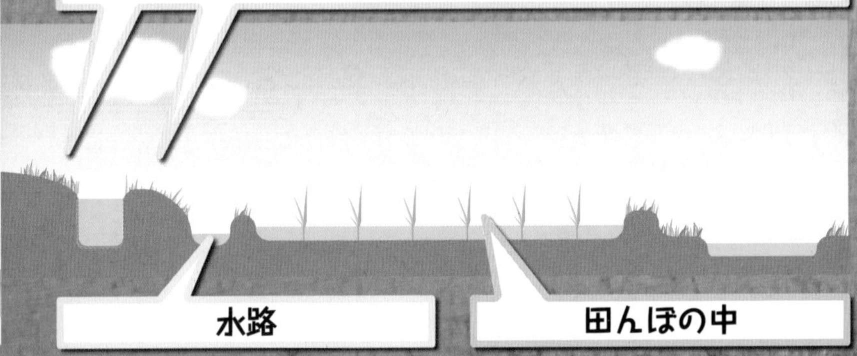

カラスノエンドウ

マメ科
烏野豌豆
つるで巻きつく。さやは黒色に熟してはじける。

ホトケノザ

シソ科
仏座
種はアリが運ぶ。葉は仏様の台座のように見える。

水路

田んぼの中

ゲンゲ（レンゲ）

マメ科
紫雲英
根にはツブツブした共生菌（きょうせいきん）がつく。

ヒメオドリコソウ

シソ科
姫踊子草
種はアリが運ぶ。上の葉はうすむらさき色がかる。

オランダガラシ

アブラナ科
和蘭芥子
野生のクレソンのこと。葉をもむとよい香りがする。

タガラシ

キンポウゲ科
田辛子
浅い水の中では下の葉を水面に浮かべて生育する。

カズノコグサ

イネ科
数子草
穂は「数の子」のようで、熟すとポロポロと落ちる。

カワヂシャ

ゴマノハグサ科
川萵苣
チシャ（レタス）の名の通り、若葉は食べられる。

スギナ（ツクシ）

トクサ科
杉菜（土筆）
ツクシが出たあと、葉が出る。地下で茎を伸ばす。

タネツケバナ

アブラナ科
種漬花
種もみを水につける春先に、一面に白い花をさかせる。

スズメノテッポウ

イネ科
雀鉄砲
穂は鉄ぽうみたいにまっすぐ。草ぶえになる。

ムシクサ

ゴマノハグサ科
虫草
実が大きくふくらんでいるところは、虫こぶである。

監修：（財）自然環境研究センター　企画・発行：（社）農山漁村文化協会

田んぼの生きもの 初夏

田の草取りのころ

オオヨシキリ
ウグイス科　大葦切

オスはヨシ原などで「行々子(ギョウギョウシ)」となく。

カッコウ
カッコウ科　郭公

尾が長く、胸と腹に細かな横しまがある。

カブトエビ
カブトエビ科　兜海老

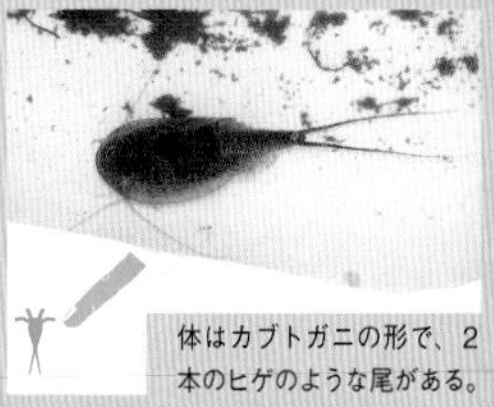

体はカブトガニの形で、2本のヒゲのような尾がある。

ハラビロトンボ
トンボ科　腹広蜻蛉

腹部（尾）は太くて短い。オスは青か黒色。

ホウネンエビ
ホウネンエビ科　豊年海老

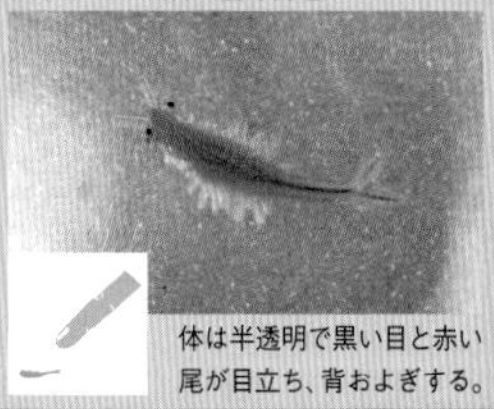

体は半透明で黒い目と赤い尾が目立ち、背およぎする。

初夏の日ざしをあびてすくすく育つイネ。田んぼやその周辺では、多くの生きものが活発に活動している。多くの動物が子どもから親に成長したり、植物の葉や丈が伸びてくる。一年の中で生きものたちが一番にぎやかな季節だ。

ナマズの稚魚
ナマズ科　鯰

体は黒いオタマジャクシのようで、ヒゲがある。

ヒキガエルの幼体
ヒキガエル科　蟇蛙

1cm ほどのまっ黒い子ガエル、はねるのは苦手。

ゲンジボタル
ホタル科　源氏蛍

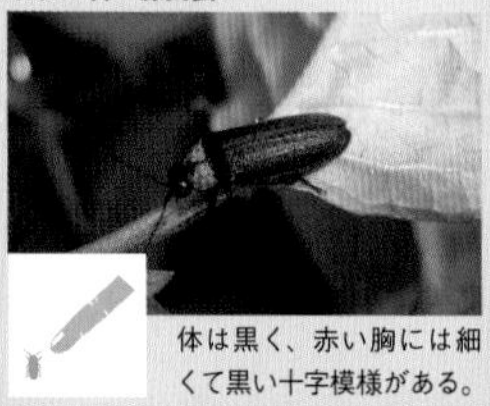

体は黒く、赤い胸には細くて黒い十字模様がある。

アジアイトトンボ
イトトンボ科　亜細亜糸蜻蛉

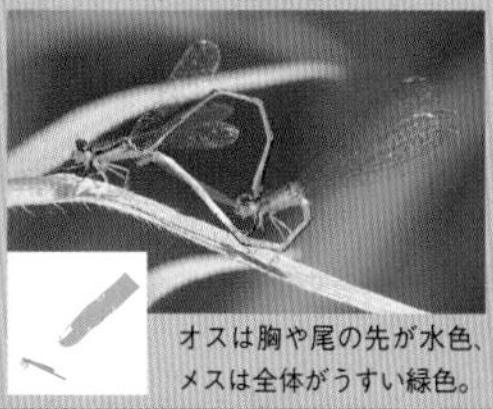

オスは胸や尾の先が水色、メスは全体がうすい緑色。

トノサマガエルの幼生
アカガエル科　殿様蛙

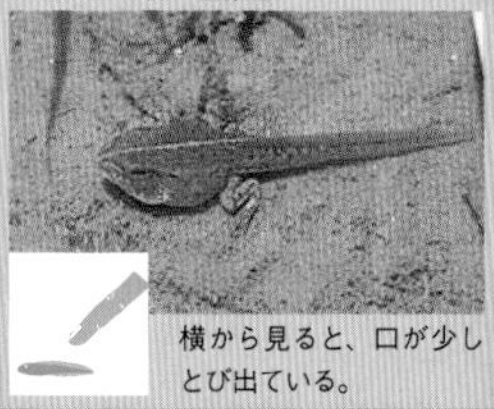

横から見ると、口が少しとび出ている。

キイトトンボ
イトトンボ科　黄糸蜻蛉

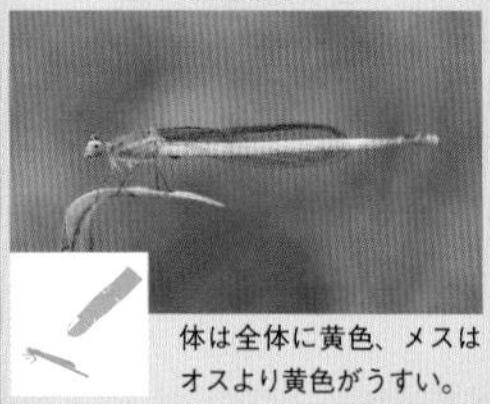

体は全体に黄色、メスはオスより黄色がうすい。

カワトンボ
カワトンボ科　河蜻蛉

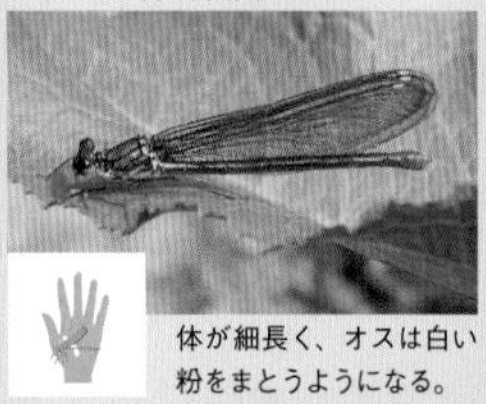

体が細長く、オスは白い粉をまとうようになる。

シオカラトンボ
トンボ科　塩辛蜻蛉

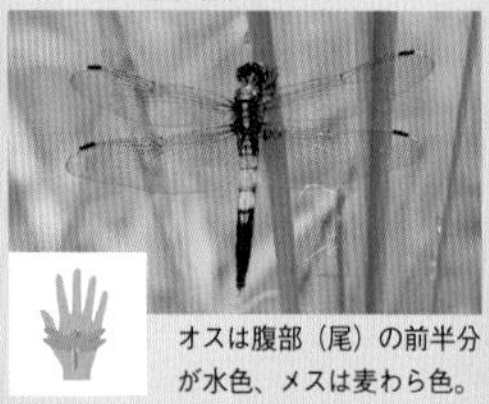

オスは腹部（尾）の前半分が水色、メスは麦わら色。

コオイムシ
コオイムシ科　子負虫

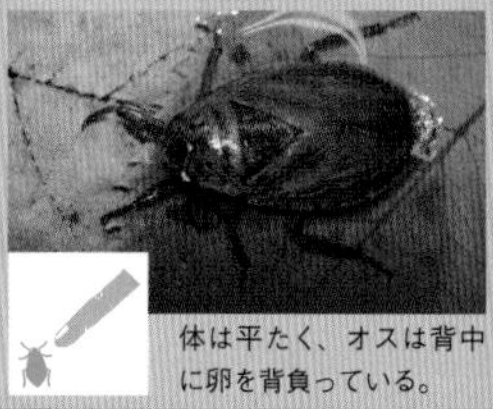

体は平たく、オスは背中に卵を背負っている。

ドジョウの稚魚
ドジョウ科　泥鰌

体長が 1cm ほどで、成体よりも短くて太い。

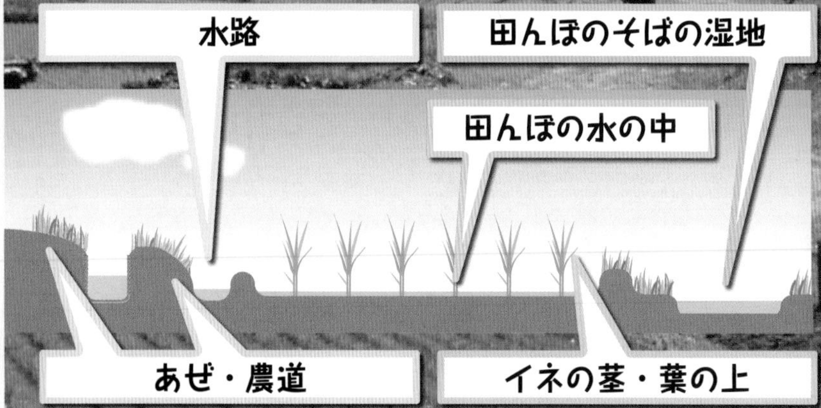

アキアカネの幼虫（ヤゴ）
トンボ科　秋茜

6月後半ころ田んぼでいっせいにトンボになる。

イモリの幼生
イモリ科　井守

体は黒く、サンショウウオより頭が小さく目がするどい。

モンキチョウ
シロチョウ科　紋黄蝶

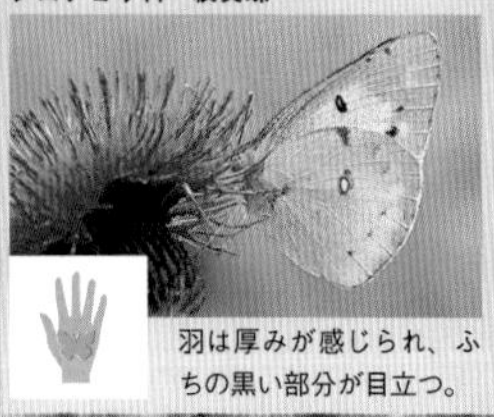

羽は厚みが感じられ、ふちの黒い部分が目立つ。

大型ヒョウモンチョウ
タテハチョウ科　豹紋蝶

羽の表は全体にヒョウのような模様がある。

イネクビボソハムシ
ハムシ科　稲首細葉虫

胸と足が赤く、羽にはつやがあり、幼虫はドロを背負う。

イネネクイハムシ
ハムシ科　稲根食葉虫

コナギなど浮き葉の上にいて、体はつやがある。

イネミズゾウムシ
ゾウムシ科　稲水象虫

体はひょうたん形で背中が茶色、口は太くて短い。

アマガエルの幼体
アマガエル科　雨蛙

1cmほどのうす緑色の子ガエルで、目の前後が黒い。

ツチガエル
アカガエル科　土蛙

体はこげ茶色で、全身に小さなイボがある。

ヒメギスの幼虫
キリギリス科　姫斯

全体が黒か茶色、胸の横の白線が目立つ。

ツマグロヨコバイ
ヨコバイ科　端黒横這

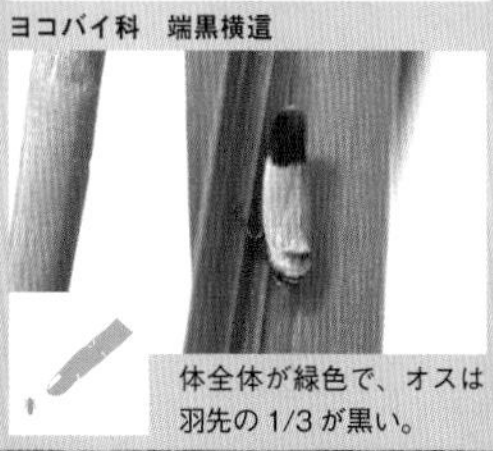

体全体が緑色で、オスは羽先の 1/3 が黒い。

セジロウンカ
ウンカ科　背白雲霞

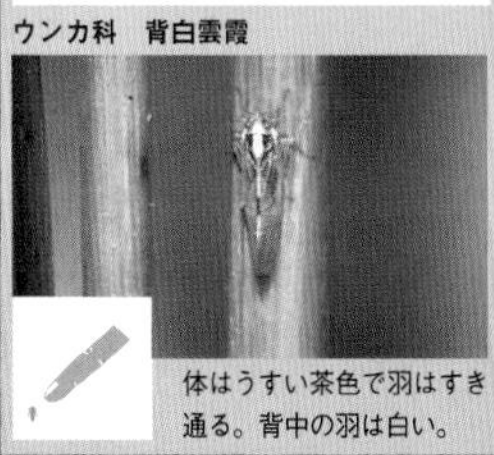

体はうすい茶色で羽はすき通る。背中の羽は白い。

生きものの大きさを示したアイコン

- 子ども人差し指の大きさと比較
- 子ども手のひらの大きさと比較
- 子どもの足の長さと比較
- 子どもの身長と比較
- 双眼鏡があると観察しやすい生きもの

田んぼの生きもの 初夏

田の草取りのころ

コハコベ

ナデシコ科
小繁縷

10枚に見える花びらは、5枚が切れこんだもの。

ヒメジョオン

キク科
姫女苑

ハルジオンとちがい、つぼみはうなだれずに上向き。

イタドリ

タデ科
虎杖

芽出しのころは赤色。茎はかじるとすっぱい味がする。

ノボロギク

キク科
野襤褸菊

葉はつやと厚みがあり、種はワタ毛をつける。

ケキツネノボタン

キンポウゲ科
毛狐牡丹

花はつやがあり、果実の先にはトゲがある。

ウマノアシガタ

キンポウゲ科
馬足形

花はつやがあり、果実の先には、トゲはない。

ノゲシ

キク科
野芥子

葉のふちにトゲがあるが、あまりいたくない。

ツユクサ

ツユクサ科
露草

早朝からさく花びらは、午後には閉じてしまう。

スイバ

タデ科
酸葉

葉をかむとすっぱい。株は雄・雌でちがっている。

キツネアザミ

キク科
狐薊

アザミのようだがトゲはなく、キツネに化かされたよう。

ノアザミ

キク科
野薊

春にさくのはこのアザミだけ。いたいトゲがたくさんある。

ネジバナ

ラン科
捩花

花はねじれたようにさき、左巻と右巻がある。

オオバコ

オオバコ科
大葉子

葉をちぎると、じょうぶなせんいが5本出てくる。

イヌムギ

イネ科
犬麦

平たくて、麦のような穂がたれ下がる。

ギシギシ

タデ科
羊蹄

スイバとよくにているが、葉のふちは波うっている。

エノコログサ

イネ科
犬子草

穂は犬のシッポのよう。「ねこじゃらし」とも呼ばれる。

チドメグサ

セリ科
血止草

茎が地面を四方八方にはい、一面に生える。

カモジグサ

イネ科
髢草

穂はむらさき色がかり、ノギとよばれる細い毛がある。

あぜ・農道

セリ

セリ科
芹

よい香りがして食用にもなる。水路にも生える。

アゼナ

ゴマノハグサ科
畦菜

葉は対について3本の脈が目立ち、葉のふちはなめらか。

水に浮く草

ウキクサ
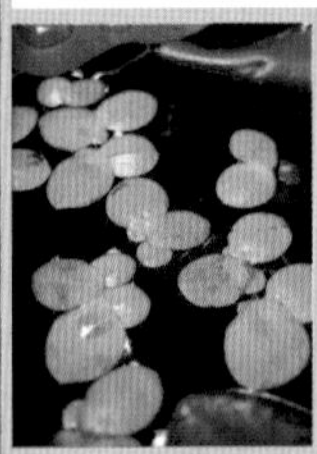
ウキクサ科
浮草

葉の裏は赤く、根がたくさんついている。

アオウキクサ

ウキクサ科
青浮草

葉の裏は緑色で、一枚の葉に対し、根はただ1本だけ。

オオアカウキクサ

アカウキクサ科
大赤浮草

シダの仲間。秋や冬にも見られ、葉は赤くなる。

サンショウモ

サンショウモ科
山椒藻

サンショウの葉のようなシダ。葉の上面は水をはじく。

田んぼの中

ミゾカクシ

キキョウ科
溝隠

よく枝分かれし、5つにさけた花が一面にさく。

イ

イグサ科
藺

細長く丸い茎は、なめらかでじょうぶ。タタミに使う。

マツバイ

イグサ科
松葉藺

葉は松よりも細く糸のよう。びっしり生える。

イチョウウキゴケ

ウキゴケ科
銀杏浮苔

コケの仲間。イチョウの葉のような形をしている。

コウガイゼキショウ

イグサ科
笄石菖

葉は平たくて細く、花や茎の下のほうは赤みがかる。

コゴメガヤツリ

カヤツリグサ科
小米蚊張吊

穂は黄金色に熟し、種は小さな米つぶのよう。

田んぼの生きもの 盛夏《せいか》～秋

出穂《しゅっすい》～収穫《しゅうかく》前のころ

ぎらぎらとかがやく太陽の下でイネの穂《ほ》が顔を出し、花をさかせる。田んぼの中やそのまわりでは、イネとともにさまざまな動物や植物の生命が生まれ育っている。みんな生きるために一生けんめい。そんな生きものたちの姿を見てみよう。

ハイイロゲンゴロウ
ゲンゴロウ科　灰色源五郎

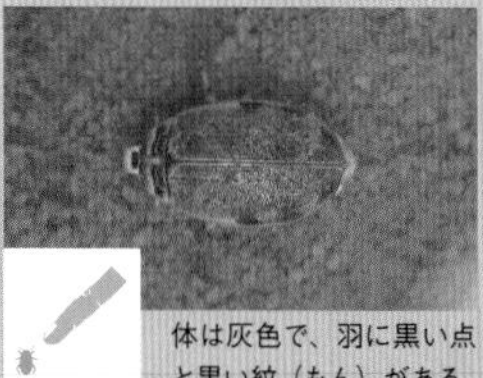

体は灰色で、羽に黒い点と黒い紋（もん）がある。

ヒメゲンゴロウ
ゲンゴロウ科　姫源五郎

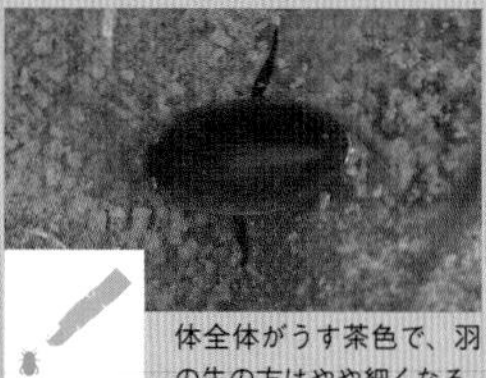

体全体がうす茶色で、羽の先の方はやや細くなる。

マルガタゲンゴロウ
ゲンゴロウ科　丸形源五郎

体はうす茶色で、頭と胸は黒と黄色。羽の先はまるい。

ヌマエビ
ヌマエビ科　沼蝦

体全体が半透明。3～4 cm ほどの小さなエビ。

アメリカザリガニ
アメリカザリガニ科　亜米利加蝲蛄

体全体が赤く、オスのはさみは特に大きくなる。

アメンボ
アメンボ科　飴坊

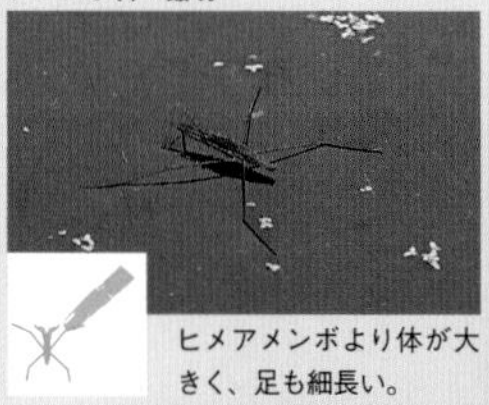

ヒメアメンボより体が大きく、足も細長い。

オオアメンボ
アメンボ科　大飴坊

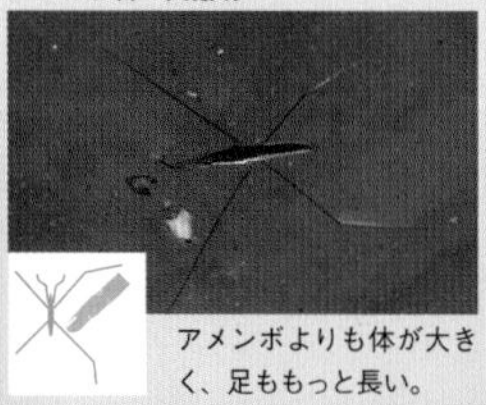

アメンボよりも体が大きく、足ももっと長い。

シマアメンボ
アメンボ科　縞飴坊

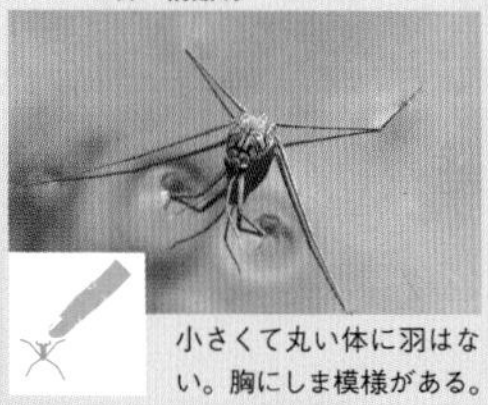

小さくて丸い体に羽はない。胸にしま模様がある。

ヤサガタアシナガグモ
優型足長蜘蛛

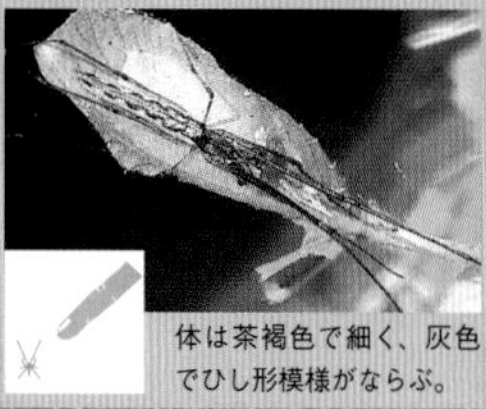

体は茶褐色で細く、灰色でひし形模様がならぶ。

キクヅキコモリグモ
菊月子守蜘蛛

体はうす緑色からうす茶色。メスは夏に子を背おう。

オオシオカラトンボ
トンボ科　大塩辛蜻蛉

オスは頭と尾の先以外が青白く、羽のつけ根は黒。

ハグロトンボ
カワトンボ科　羽黒蜻蛉

体は光沢（こうたく）をもった緑色で、羽は黒い。

オニヤンマ
オニヤンマ科　鬼蜻蜓

体全体に黒く黄色いオビがならび、両目がつく。

キアゲハ
アゲハチョウ科　黄揚羽

羽の中央の黄色い部分が広く、つけ根はうす茶色。

ジャノメチョウ
ジャノメチョウ科　蛇目蝶

羽は全体に茶色く、前羽に2対の目玉模様がある。

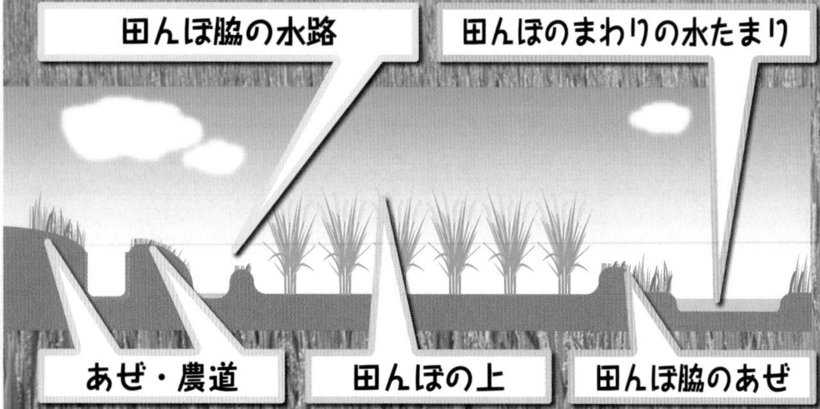

ヒメウラナミジャノメ
ジャノメチョウ科　姫裏波蛇目蝶

後羽の裏の目玉模様は小さく、ふちはうすい白色。

エンマコオロギの幼虫
コオロギ科　閻魔蟋蟀

体は全体に黒く、腰（こし）には白いオビがある。

シマヘビ
ナミヘビ科　縞蛇

体は黄色っぽい茶色。4本の黒いたてじまがある。

アマサギ
サギ科　亜麻鷺

夏に頭から首にかけてアマ色になる白いサギ。

アオサギ
サギ科　青鷺

体全体が青っぽい灰色。サギではもっとも大きい。

ウスイロササキリ
キリギリス科　薄色笹切

体や羽は背中の方が茶色く、腹の方は緑色。

クサキリ
キリギリス科　草切

頭と羽の先は細くならず、緑色と茶色のものがいる。

ヒバカリ
ナミヘビ科　日計

背中が茶色く、アゴから首に黄色いオビがある。

ウスバキトンボ
トンボ科　薄翅黄蜻蛉

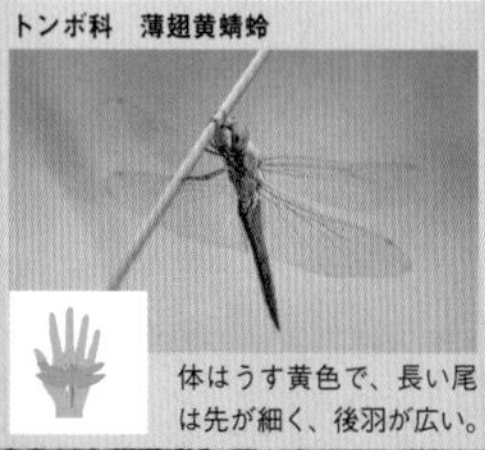

体はうす黄色で、長い尾は先が細く、後羽が広い。

ショウジョウトンボ
トンボ科　猩々蜻蛉

体全体が赤く、羽のつけ根がオレンジ色。

ナツアカネ
夏茜

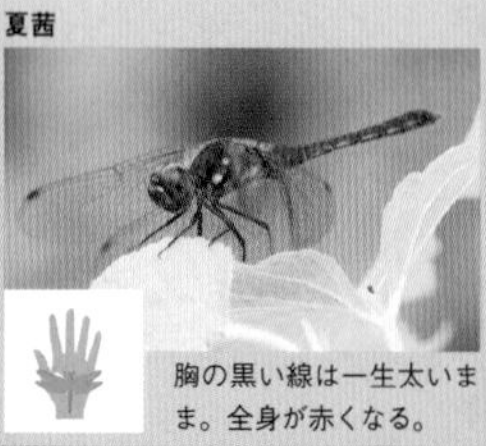

胸の黒い線は一生太いまま。全身が赤くなる。

アキアカネ
秋茜

胸の黒い線の先は細くとがる。尾から赤くなる。

生きものの大きさを示したアイコン

- 子どもの人差し指の大きさと比較
- 子どもの手のひらの大きさと比較
- 子どもの足の長さと比較
- 子どもの身長と比較
- 双眼鏡があると観察しやすい生きもの

田んぼの生きもの

盛《せい》夏《か》〜秋

出穂《しゅっすい》〜収穫《しゅうかく》前のころ

ハキダメギク

キク科
掃溜菊
白い小さな花びらは切れこみが３つあり、５枚つく。

ヒメムカシヨモギ

キク科
姫昔蓬
よく見ると短い糸のような白い花びらがある。

セイタカアワダチソウ

キク科
背高泡立草
2m近い高さになり、ワタ毛はアワを立てたような形。

スベリヒユ

スベリヒユ科
滑莧
ツヤツヤした厚い葉は強い日ざしでもしおれない。

アキノノゲシ

キク科
秋野芥子
春にさくノゲシより背が高くて、花はクリーム色。

ヤブカンゾウ

ユリ科
藪萱草
八重の花びらをつけ、地下茎（ちかけい）で増える。

スズメノトウガラシ

ゴマノハグサ科
雀唐辛子
実の色や形が小さなトウガラシににている。

ツリガネニンジン

キキョウ科
釣鐘人参
花はつりがね形で、根は太い。ちぎると白い液がでる。

ヒガンバナ

ヒガンバナ科
彼岸花
秋にまっ赤な花がさく。葉は花がさいたあとに出る。

ゲンノショウコ

フウロソウ科
現証拠
赤い花と白い花がある。タネははじかれて飛ぶ。

オオアレチノギク

キク科
大荒地野菊
ヒメムカシヨモギににているが、白い花びらはない。

ガマ

ガマ科
蒲
秋に穂がくずれて、ワタ毛のついたタネを飛ばす。

ヨシ

イネ科
葦
葉はササ舟や草笛になる。枯れた茎はヨシズに利用。

ヒメクグ

カヤツリグサ科
姫莎草
イガのような丸い穂がつく。まとまって生える。

ススキ

イネ科
薄（芒）
ヨシににているが、葉の中央に白いすじがある。

ジュズダマ

イネ科
数珠玉
じゅず玉のような実ができる。ハトムギの原種。

アメリカセンダングサ

キク科
亜米利加栴檀草
タネは衣服や動物の毛にくっついて運ばれる。

マコモ

イネ科
真菰
ヨシににているが、葉は長く下部が細く、上向きにつく。

あぜ・農道

田んぼのまわりの水辺

アメリカミズキンバイ

アカバナ科
亜米利加水金梅
チョウジタデににるが、花は大きく直径は約2.5cm。

クサネム

マメ科
草合歓
葉をさわると、ゆっくり閉じる。夜にも葉を閉じる。

水路

田んぼの中

オモダカ

オモダカ科
面高
根の先にイモができる。やさいのクワイの原種。

ミゾソバ

タデ科
溝蕎麦
葉や実はソバににている。田のふちにも生える。

チョウジタデ
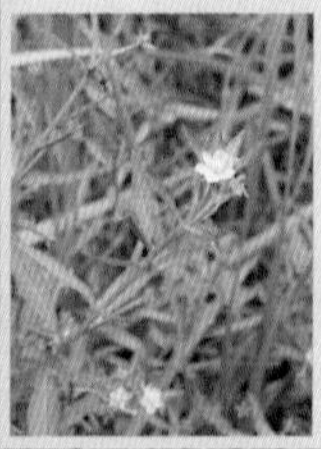
アカバナ科
丁子蓼
秋に紅葉する。花は小さく、直径約0.5〜1cm。

ミズアオイ

ミズアオイ科
水葵
コナギににているが、葉より上に大きな花がつく。

アメリカアゼナ

ゴマノハグサ科
亜米利加畔菜
アゼナににているが、葉のふちはギザギザしている。

コナギ

ミズアオイ科
小水葱
昔は食用にされた。水が多いと水面に葉をうかべる。

ヒルムシロ

ヒルムシロ科
蛭蓆
水中の葉は、水面の葉より細くて柄（え）が長い。

ケイヌビエ

イネ科
毛犬稗
穂の先には細長い毛（ノギ）がある。イネより背が高い。

アメリカタカサブロウ

キク科
亜米利加高三郎
タネができるとボロボロ落ち、水流などで運ばれる。

タマガヤツリ

イネ科
玉蚊帳吊
玉の形をした穂は、熟すと緑色から黒色になる。

監修：(財)自然環境研究センター　企画・発行：(社)農山漁村文化協会

第4章 安全対策

体験活動を行うにあたっては多くの確認すべき事項があります。受け入れ側としては負担が大きいと感じられるかもしれませんが、子どもたちにとっては教室を飛び出して野外の農業現場で体験することは想像をはるかに上回る充実した学びの機会となります。質の高い学びの機会をつくっていくためにも、しっかりと安全対策を講じ、楽しさと喜びに満ちた学びを体験させましょう。
以下、農家側、学校側が共に確認・準備しておくべきことを箇条書きにしてあります。活動内容や場所に応じてチェックしてください。

田んぼ近くにある電気柵にも注意を促しましょう!

1 計画段階・体験前の注意点

①作業内容やスケジュール、手順について

□無理のない余裕のある時間設定にしましょう。あせりは事故を誘発します。
□休憩時間をしっかりと設けましょう。
□当日の体験内容は先生とすべて共有しましょう。
□手順を確認し、危険が隠れていないかを検討しましょう。
□服装や持ち物などを確認し、点検しましょう。
□子どもが忘れ物をすることは必ずあります。それを想定の上で、対応を整理しておきましょう。
□体験場所におけるトイレの状況を確認しましょう。

②体験時の危険回避について

□作業や活動を行う田んぼ内や付近の状況確認をしましょう。
□危険が潜んでいる河川や水路を確認し、安全処置をしましょう。
□体験場所付近に危険箇所が存在する場合は現状を把握して、当日注意を促すようにしましょう。
□田んぼの出入り口付近の道路の安全状況を現地確認しましょう。
□子どもが安全に体験できる方法を確認しましょう。
□蜂の巣や毒ヘビ、毒虫・毛虫、ウルシなど、田んぼ周辺でのわかり得る危険の回避策を講じましょう。
□障害や病気・アレルギーなど、事前に子どもに関する情報を共有しましょう。

③緊急時の対応について

□決定の時間や決定者、連絡の仕方などを確認しておきましょう。
□雷や降雨、増水時の対応策を確認し合いましょう。
□地震などの災害や緊急事態発生時における対応を検討しておきましょう。
□救急病院の電話番号や所在地の把握し、事故時に誰がどこに連絡するかを決めておきましょう。その際の搬送手段なども確認しておきましょう（誰が搬送、付き添うか）。
□子どもの病気やケガに対して安易に自分で重軽度の判断と指示をしないようにしましょう。
□保険には必ず加入しましょう。

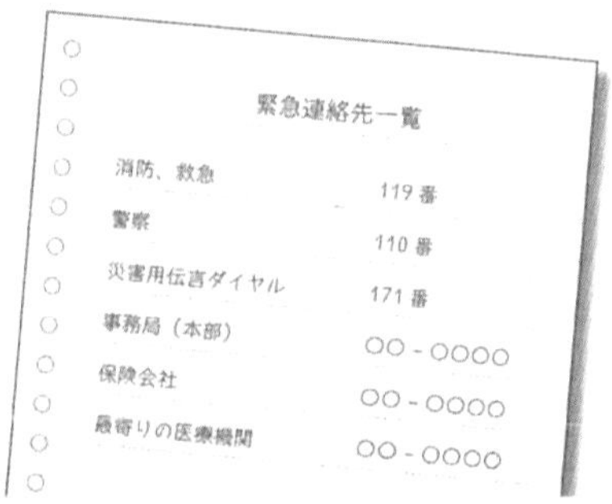
緊急連絡先一覧
消防、救急 119 番
警察 110 番
災害用伝言ダイヤル 171 番
事務局（本部） ○○-○○○○
保険会社 ○○-○○○○
最寄りの医療機関 ○○-○○○○

2 ● 体験当日の注意点

□鎌や鍬など農具のけがをしない使い方について指導しましょう。
□事前に想定し得る危険行為などについては注意を促すなどして指導しましょう。
□どのような行動をするとケガをするか、ときには命を落とす危険があるということを子どもたちに必ず話してください。
□子どもたちの危ない行動を発見したら、その場ですぐに注意を発しましょう。
□ハチや毒ヘビ、スズメバチ、その他害虫の被害にあった際の対処法などについて体験開始前に話してください。

3 ● 事故発生時の処置の仕方

事故が発生した場合、いかなる場合でも冷静に状況を把握し、迅速・的確な処置をすることで被害の拡大というリスクを軽減することができます。現場の責任者の判断と指示によって対応策や役割分担を決めて行動しましょう。
関係機関などへの連絡は速やかにし、事故状況に応じた対処の手配や協力を得ることをおすすめします。

〈事故が起こった時の基本対応〉

①ケガ人の救護
②危険の防止、および安全な場所への移動、③事故の記録を取る
④保険会社への連絡
⑤ケガ人への誠意をもった対応

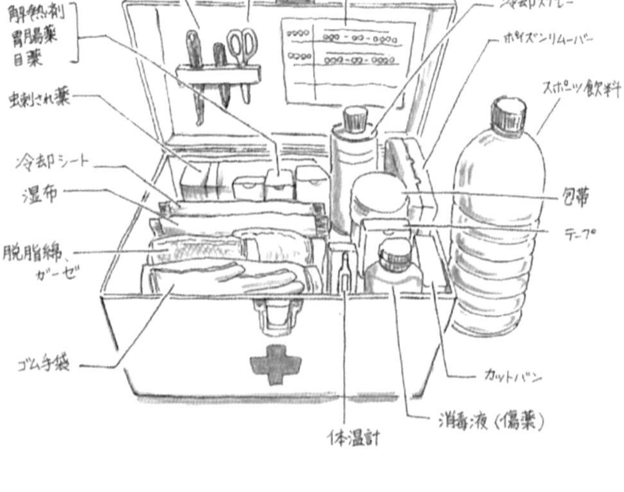

〈救急箱に設置しておきたいもの〉

品　名	チェック欄	品　名	チェック欄
虫刺され薬		胃腸薬	
消毒液（傷薬）		解熱剤	
カットバン		体温計	
包帯		目薬	
ガーゼ		冷却スプレー	
脱脂綿		冷却シート	
シップ		ポイズンリムーバー	
テープ		ゴム手袋	
ハサミ		スポーツ飲料	
ピンセット		緊急連絡先	

4 ・熱中症の予防と対処法

〈熱中症の症状〉

熱中症にならないための予防法

炎天下の作業の中で熱中症を引き起こさないため、以下の点に気をつけましょう。

①水分や塩分の補給のためのスポーツドリンクなどの飲み物、身体を冷やすことができる氷、冷たいおしぼりなどを備える。
②日陰などの涼しい場所に休憩場所を確保する。
③30分ごとに1回程度、頻繁で十分な休憩時間を取る。
④作業服は吸湿性や通気性に優れ、帽子も通気性のよいものを着用する。
⑤作業者の健康状況を把握しておくとともに、作業中も巡回するなどして健康状況を確認する。

熱中症が疑われる時の対処法

熱中症は適切な手当をすることで症状を軽減できます。以下の手順で応急手当をできるだけ早く行いましょう。

〈熱中症対処法〉

①涼しい場所への避難
風通しのよい日陰か、近くの家の、できればクーラーが効いている室内へ避難する。
②体の冷却
衣服を脱がせて、身体から熱の放散を助ける。その際、露出した皮膚に水をかけ、うちわなどであおぐことにより、放射冷却で身体を冷やす。氷などで冷やす場合は首や脇の下、太ももの付け根にあて、皮膚直下を流れる血液を冷やす。
(注)救急隊を要請した場合もできるだけ早く身体の冷却を開始する必要があります。
③水分・塩分の補給
冷たい水を与える。大量の発汗があったときには塩分も補給する。
③医療機関へ運ぶ
意識がない、呼びかけに応答がない、自力で水分補給できないような場合は、すぐに救急隊を呼ぶ。

5 ・ハチに刺された時の対処法

草むらなどには思わぬところにハチの巣が隠れている場合があります。万一刺されたら、以下のように対処しましょう。

①すぐに毛抜きなどで針を抜き、注入された毒液を速やかに取り除く。ハチの毒は水に溶けるので、刺された部分を両手の指で強くつまんで毒を絞り出しながら水で洗い流す。
②薬としては抗ヒスタミン剤を含有したステロイド軟膏を塗る。
③応急処置が済んだら、すぐに近くの病院へ行く。

(注)冷や汗、吐き気、耳鳴り、めまい、息苦しさなどのショック症状が見られたら、救急隊を呼びましょう。

6 気をつけたい危険な動物・植物

田んぼや水路などにいく際には、以下のような動物・植物に気をつけましょう。

■田んぼや水路などで気をつけたい動物

マツモムシ

マツモムシは魚とりなどで網に入ることがあります。とても攻撃的で不用意に捕まえると、とがった針のような口で刺してきます。ハチに刺されたようにかなり痛いので、注意が必要です。

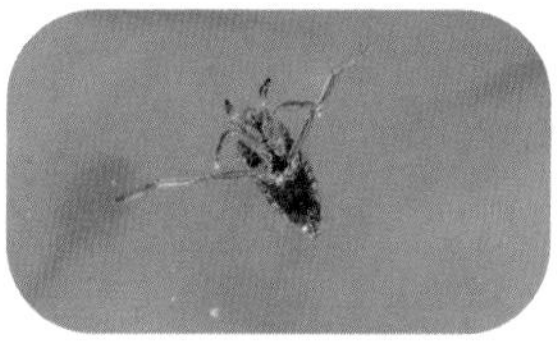

ヒル

田んぼや水路には、主に魚などから血を吸って生きている「チスイビル」というヒルがいます。人が素足で田んぼや水路に入ると吸われることもあります。かまれても痛くなく、病気などを持っていることもありませんが、ヒルが血を吸うときにヒルジンという酵素を出して傷口から血がなかなか止まらなくなることがあります。

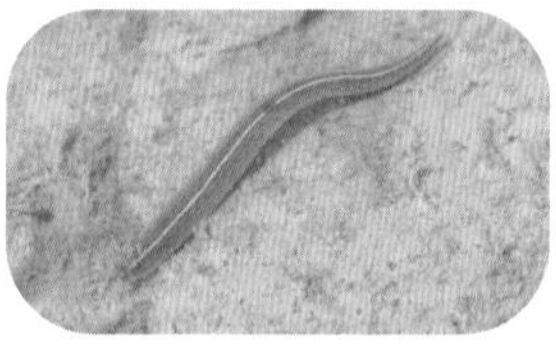

アマガエル

イモリやヒキガエルは目の後ろにあるだ円形のふくらみ（耳腺）から毒を出します。同じくアマガエルも皮ふ全体からこの毒と同じものを出します。アマガエルをさわってもかぶれるようなことはありませんが、傷口や目などにこの毒がつくと炎症をおこすことがあります。もしアマガエルを触った手で目をこすってしまったら、すぐに目を洗いましょう。

■田んぼや水路の周辺で気をつけたい動物

マオバアリガタハネカクシ

マオバアリガタハネカクシは黒と赤褐色の２色で、アリに似た小さい虫です。体に触れるとあちこちの関節からペデリンという猛毒を出し、これが皮膚に付くだけで、やけどのように赤くただれて水ぶくれになります。目などに入るととても危険です。少しのただれでも治るのに2週間以上かかります。

スズメバチ

里山の近くの田んぼや水路にはスズメバチやアシナガバチなどが飛んできます。特に地中に巣をつくるオオスズメバチは巣に近づくと攻撃してくるので、たいへん危険です。オオスズメバチが頭の上をゆっくり飛ぶようなら、近くに巣がある証拠です。体を低くして静かに後ろに下がり、巣から遠ざかりましょう。走って逃げると攻撃してきます。ハチの巣は秋になっても大きくなり続け、ハチはより攻撃的になるので寒くなるまでは注意が必要です。

マメハンミョウ

マメハンミョウは全体に黒く、胸や羽には白く細い筋のあるものもいます。頭が大きくて赤褐色なのが特徴です。体に触れると足の関節からカンタリジンという毒を出します。これが皮ふなどにつくとヒリヒリと痛み、赤くただれて水ぶくれになります。

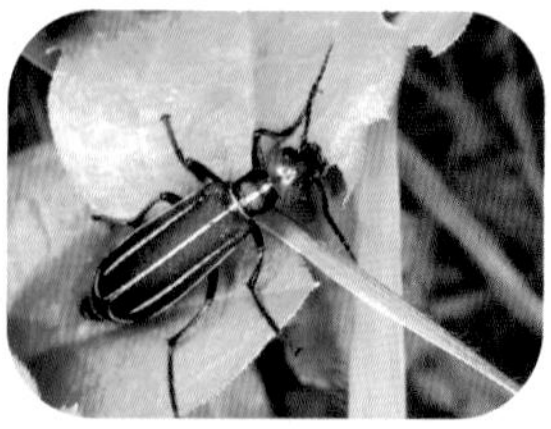

マムシ

ヘビがいる田んぼはヘビのエサが多いということで、生物がたくさんいる良い田んぼということになります。ただし、マムシやヤマカガシのように毒を持ったヘビもいるため注意が必要です。マムシは全身が銭形の模様で頭が三角形の茶色で地味なヘビで、秋になると体を温めるため山道などの日当たりのよい場所に出てくるので、秋も十分に気をつけましょう。見つけたら近寄らないことが一番です。

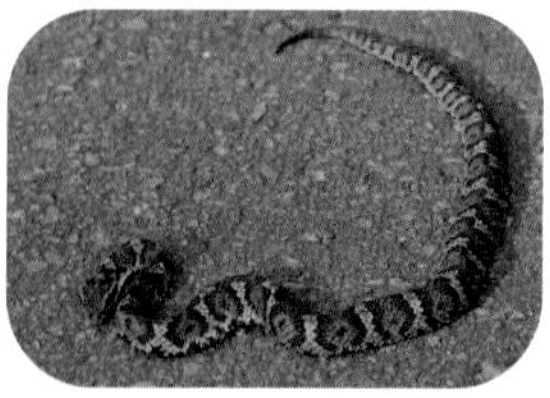

■里山が近い田んぼや水路で気をつけたい植物

ウルシ

里山近くの田んぼでは周辺に生えるウルシの仲間（ツタウルシやヤマウルシ、ハゼノキなど）に注意しましょう。触るとかぶれます。

ISBN978-4-540-24149-9

C0061 ¥900E

定価（本体900円＋税）

2024年6月25日発行

企画・制作

（一社）農山漁村文化協会

〒335-0022　埼玉県戸田市上戸田2-2-2

電話 048(233)9351(営業)

FAX 048(299)2812

制作協力

（一社）地域環境資源センター

（一財）自然環境研究センター

写真提供

PIXTA　株式会社フォトライブラリー

（一財）自然環境研究センター

p18-19『田んぼの生きもの下敷き春編』

p20-21『田んぼの生きもの下敷き夏編』

p22-23『田んぼの生きもの下敷き盛夏〜秋編』